حيائي ناجحة

١ـ

٢ـ

٣ـ

٤ـ

٥ـ

* استخدم الوان مختلفة

حياتي
ناجحة

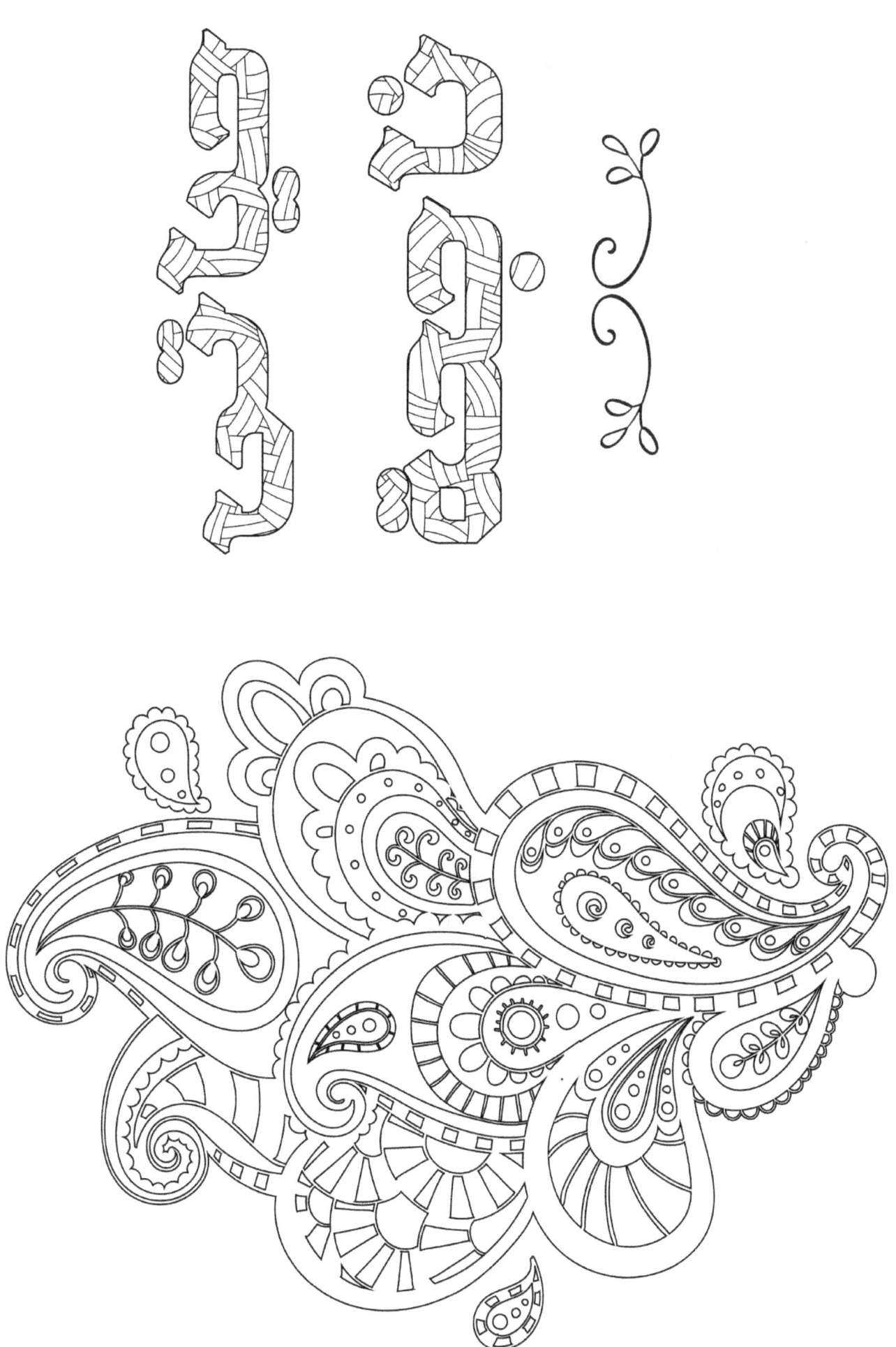

أنا مبدع

١-

٢-

٣-

٤-

٥-

* استخدم ألوان مختلفة

أنا
مبدع

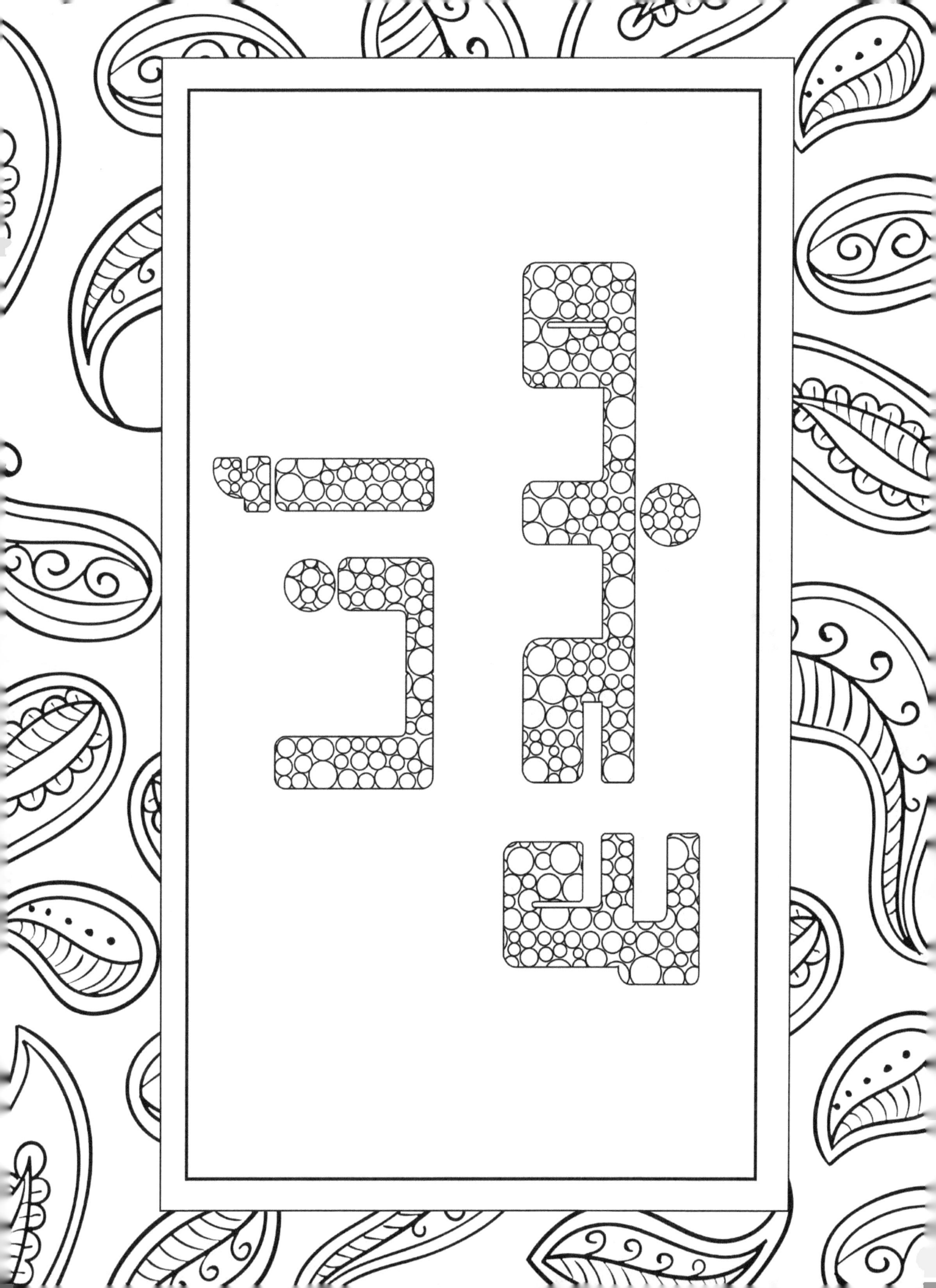

أنا أستطيع تحقيق النجاح

١-

٢-

٣-

٤-

٥-

أنا أستطيع تحقيق النجاح

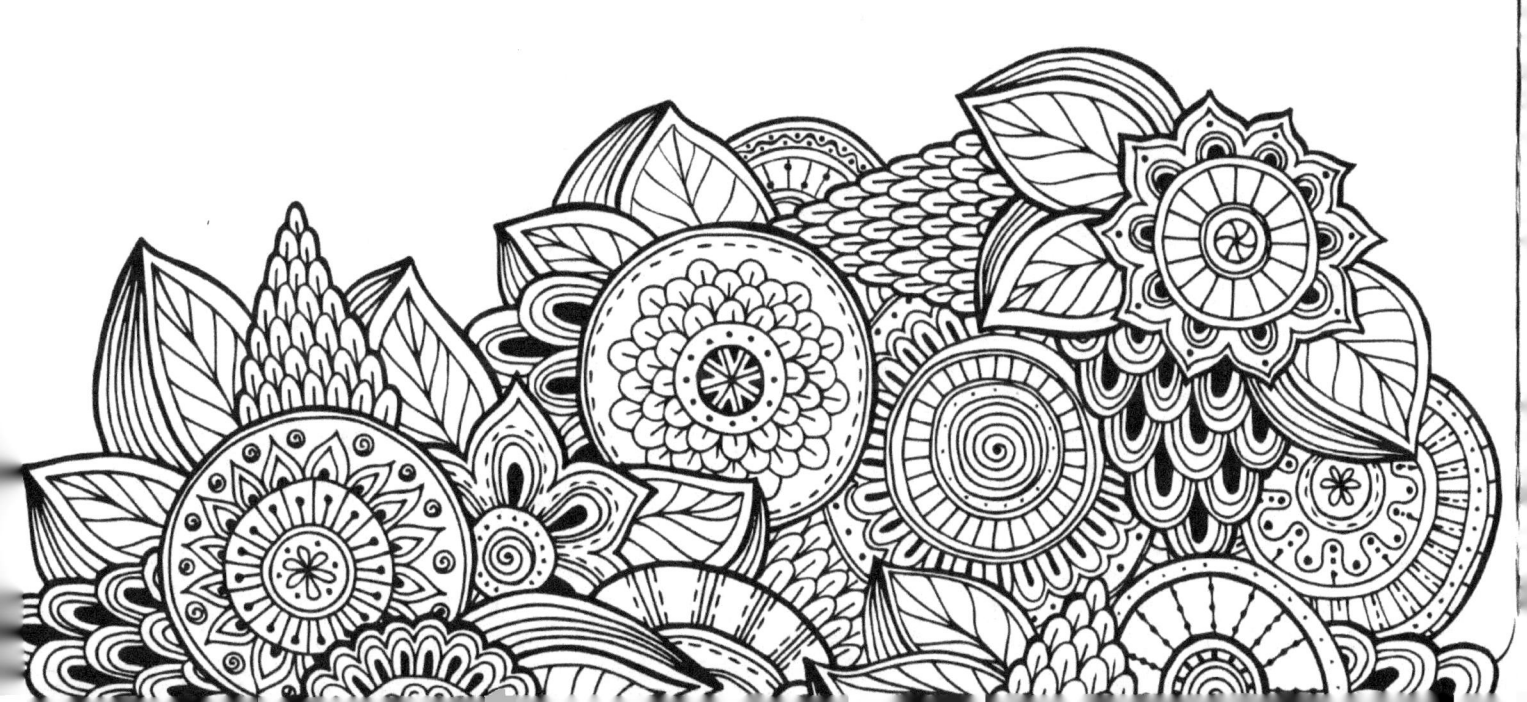

النجاح ملكي

١-

٢-

٣-

٤-

٥-

* استخدم ألوان مختلفة

النجاح
ملكي

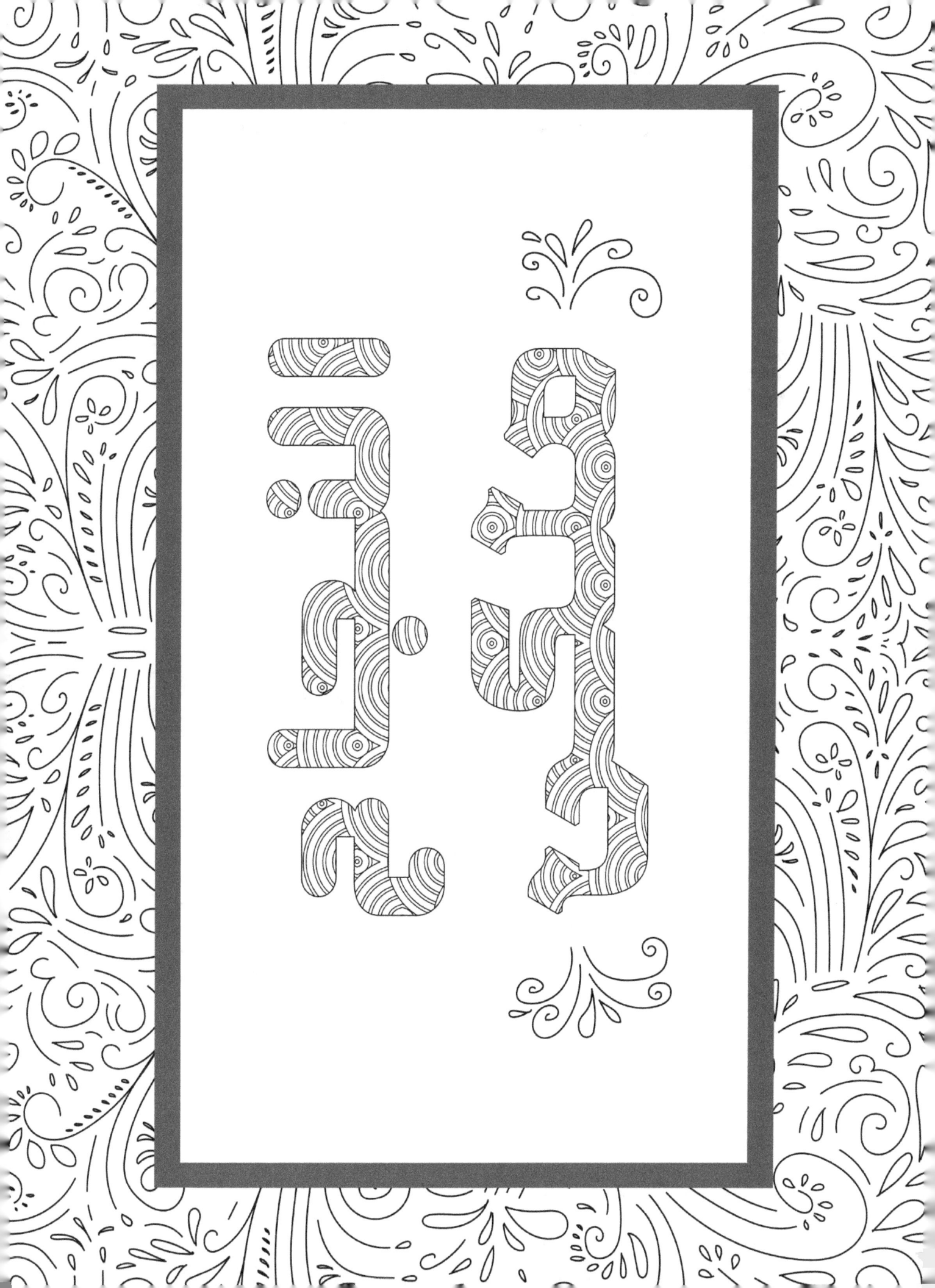

أموري ممتازة

١-

٢-

٣-

٤-

٥-

* استخدم ألوان مختلفة

أموري
ممتازة

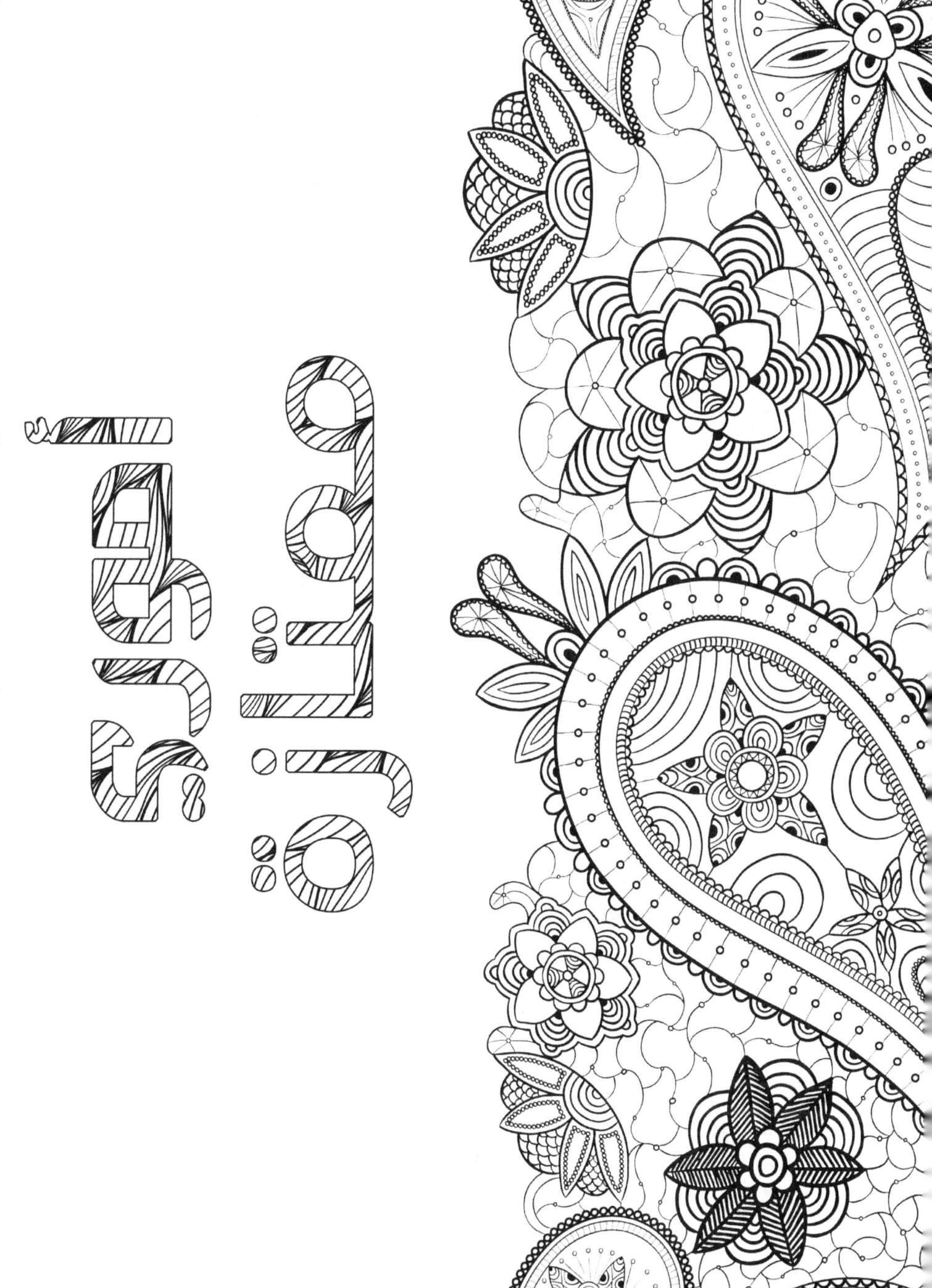

أرى نفسي شخصاً ناجحاً

١-

٢-

٣-

٤-

٥-

أرى نفسي
شخصاً ناجحاً

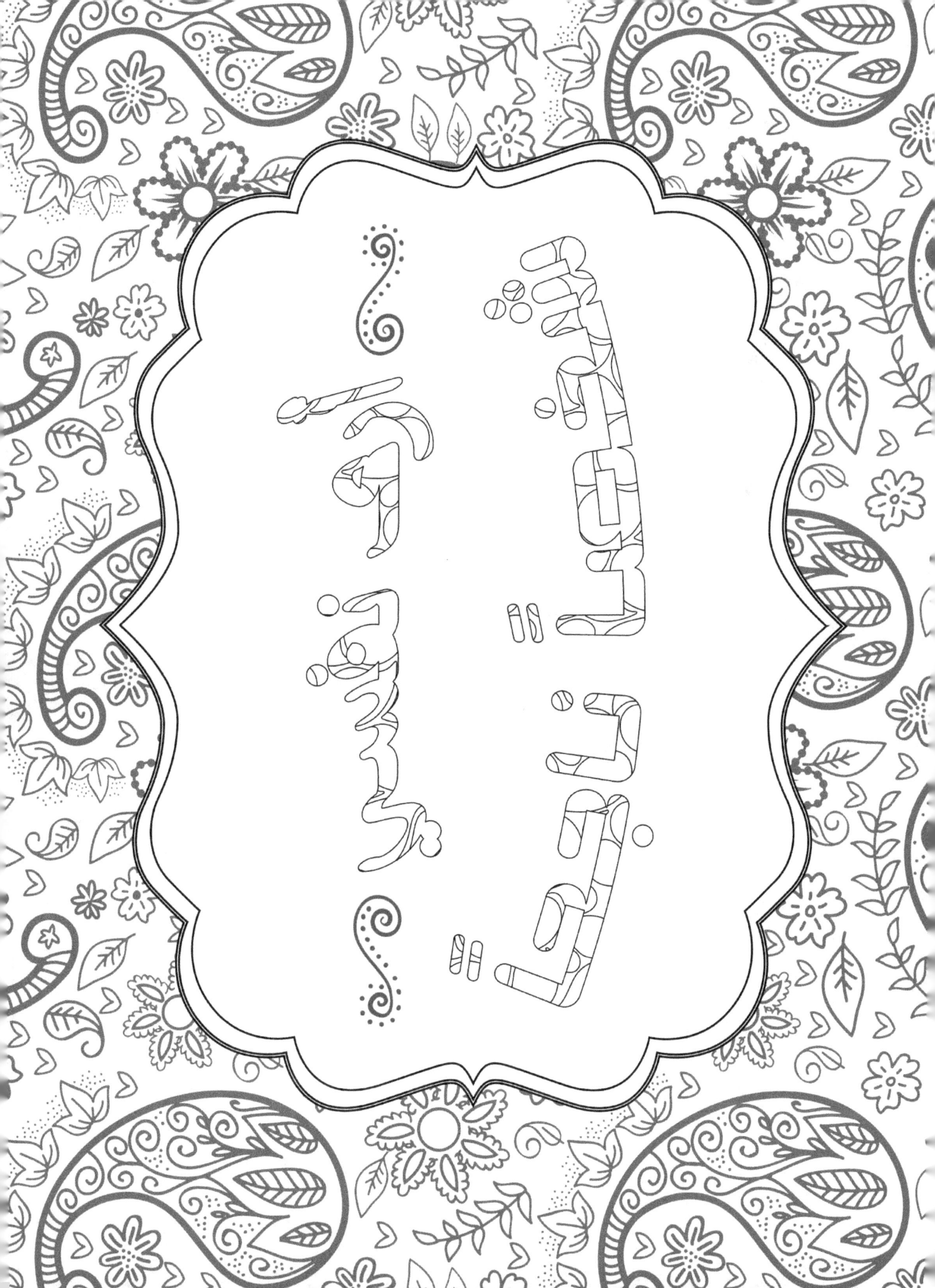

سوف أحقق ما أريد

١-

٢-

٣-

٤-

٥-

* استخدم ألوان مختلفة

سوف

أحقق ما أريد

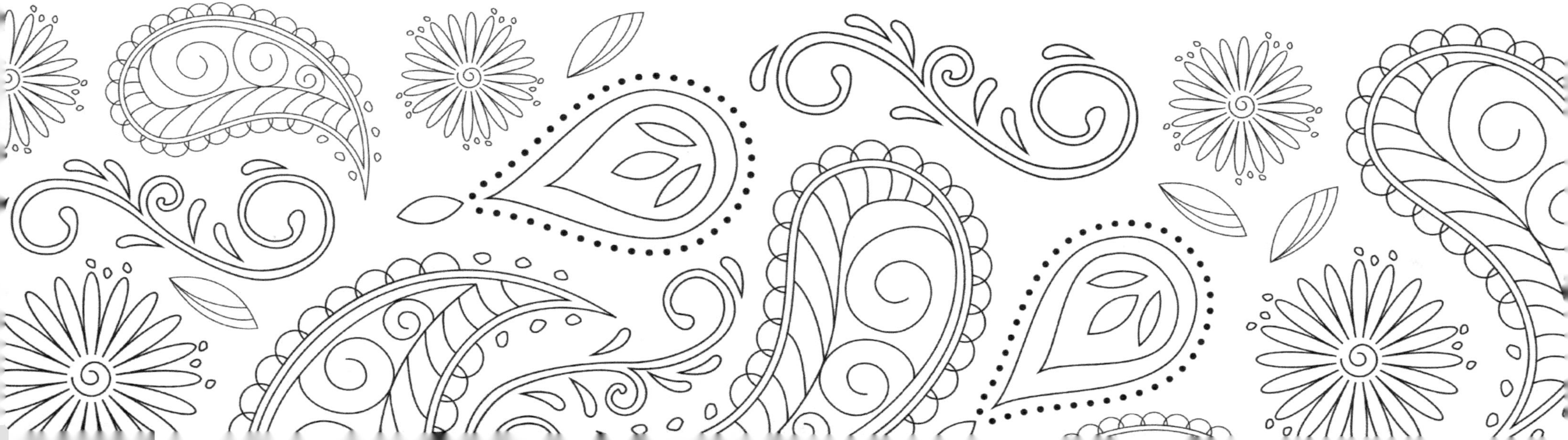

أحب النجاح

١-

٢-

٣-

٤-

٥-

* استخدم ألوان مختلفة

أحب النجاح

أنا شخص ناجح

1 -

2 -

3 -

4 -

5 -

* استخدم ألوان مختلفة

أنا
شخص
ناجح

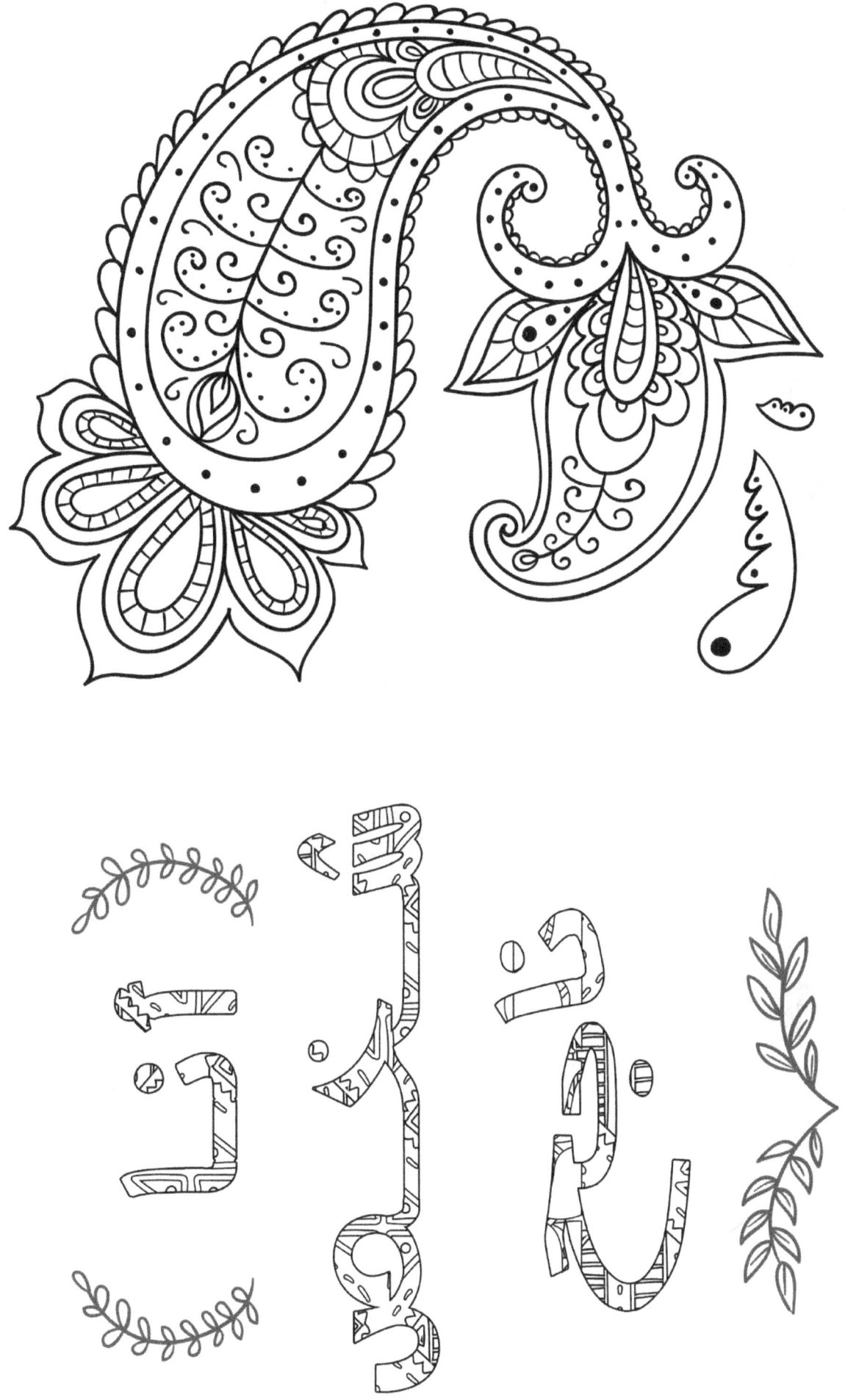

أنا أمضي مع النجاح في طريق واحد

١-

٢-

٣-

٤-

٥-

* استخدم ألوان مختلفة

أنا أمضي مع النجاح

في طريق

واحد

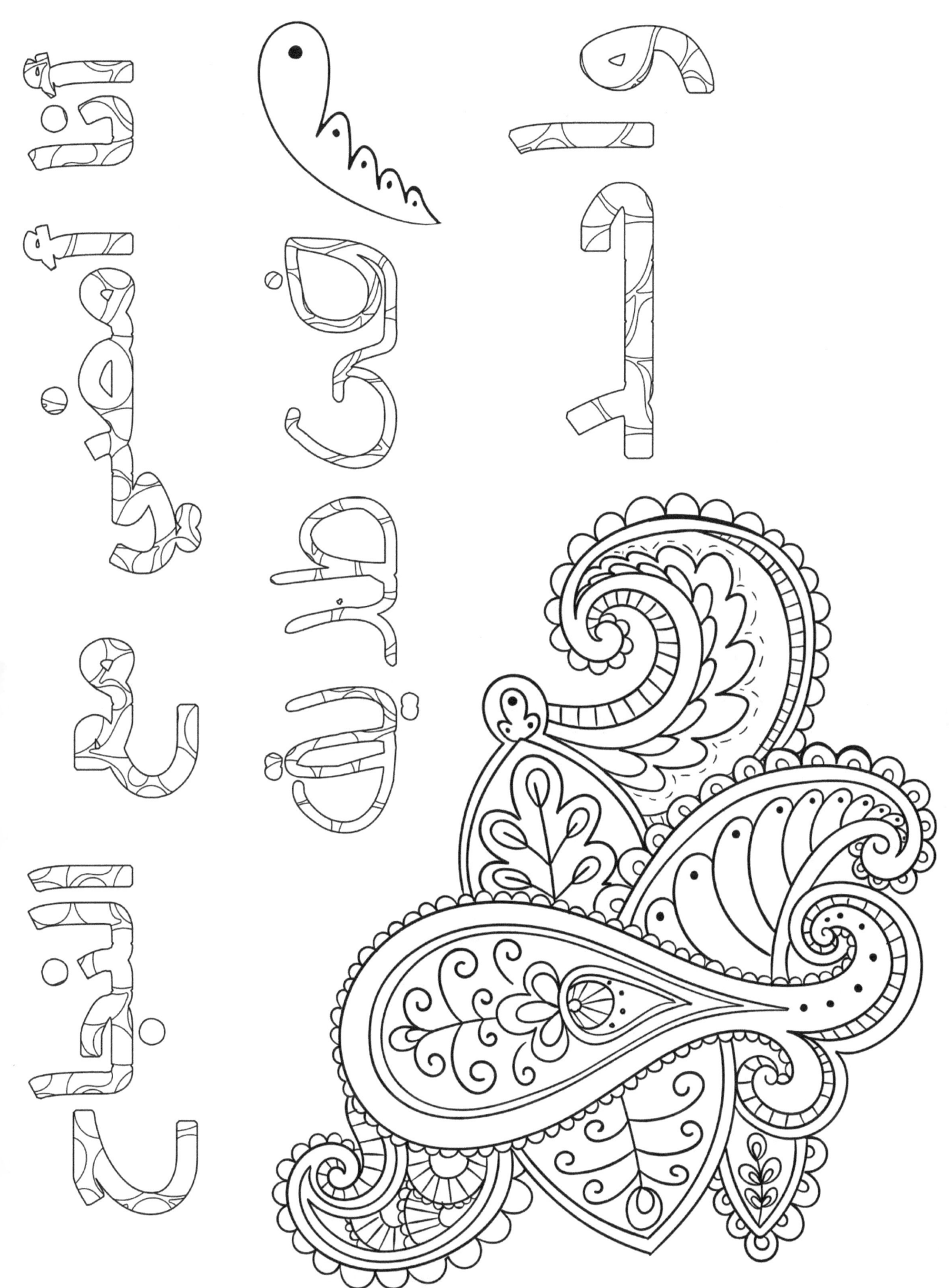

أنا مليء بالطاقة

١-

٢-

٣-

٤-

٥-

* استخدم ألوان مختلفة

أحب العادات الصحية

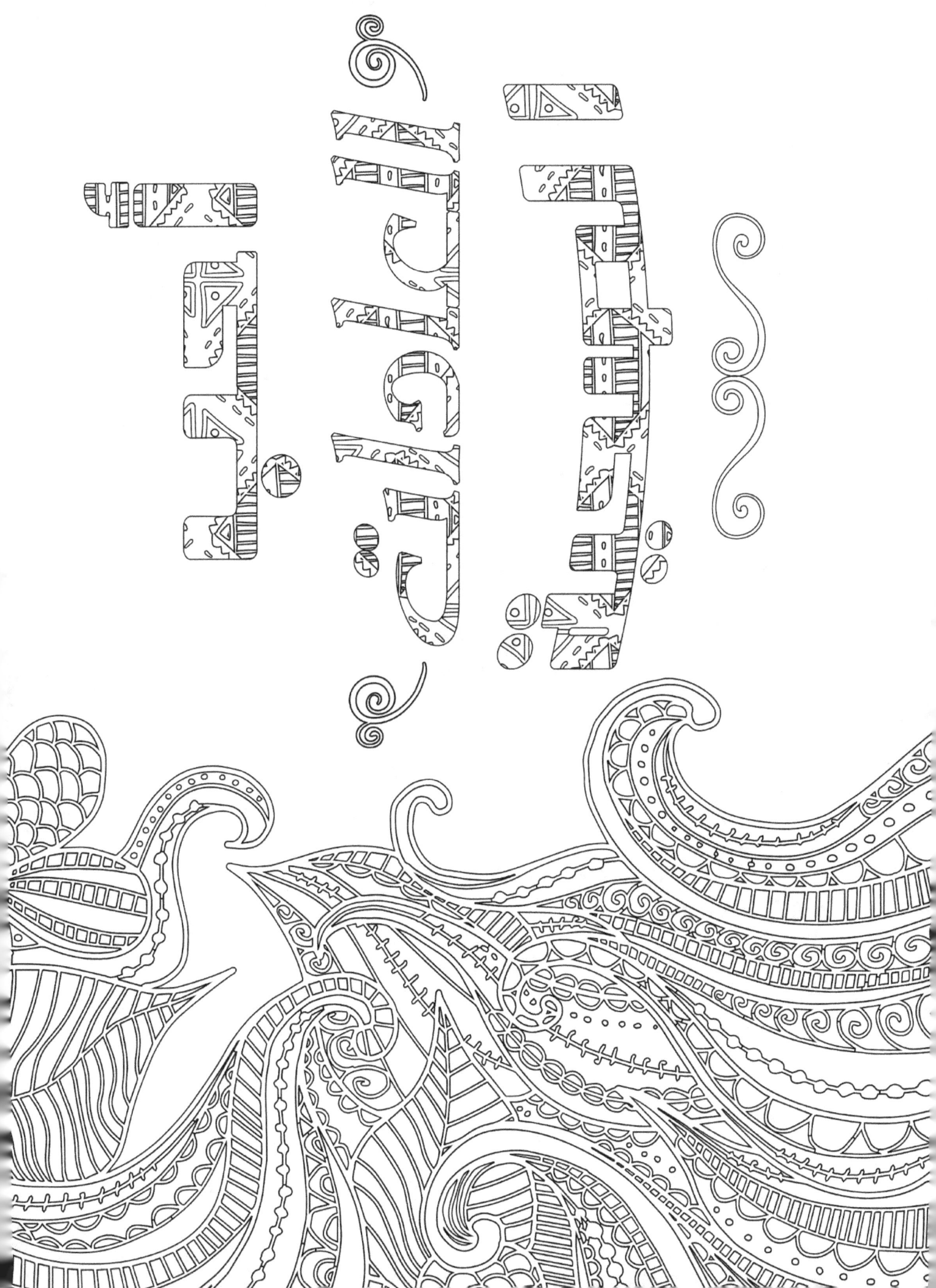

أنا أبحر في بحر النجاح

١-

٢-

٣-

٤-

٥-

* استخدم ألوان مختلفة

أنا أبحر في بحر
النجاح

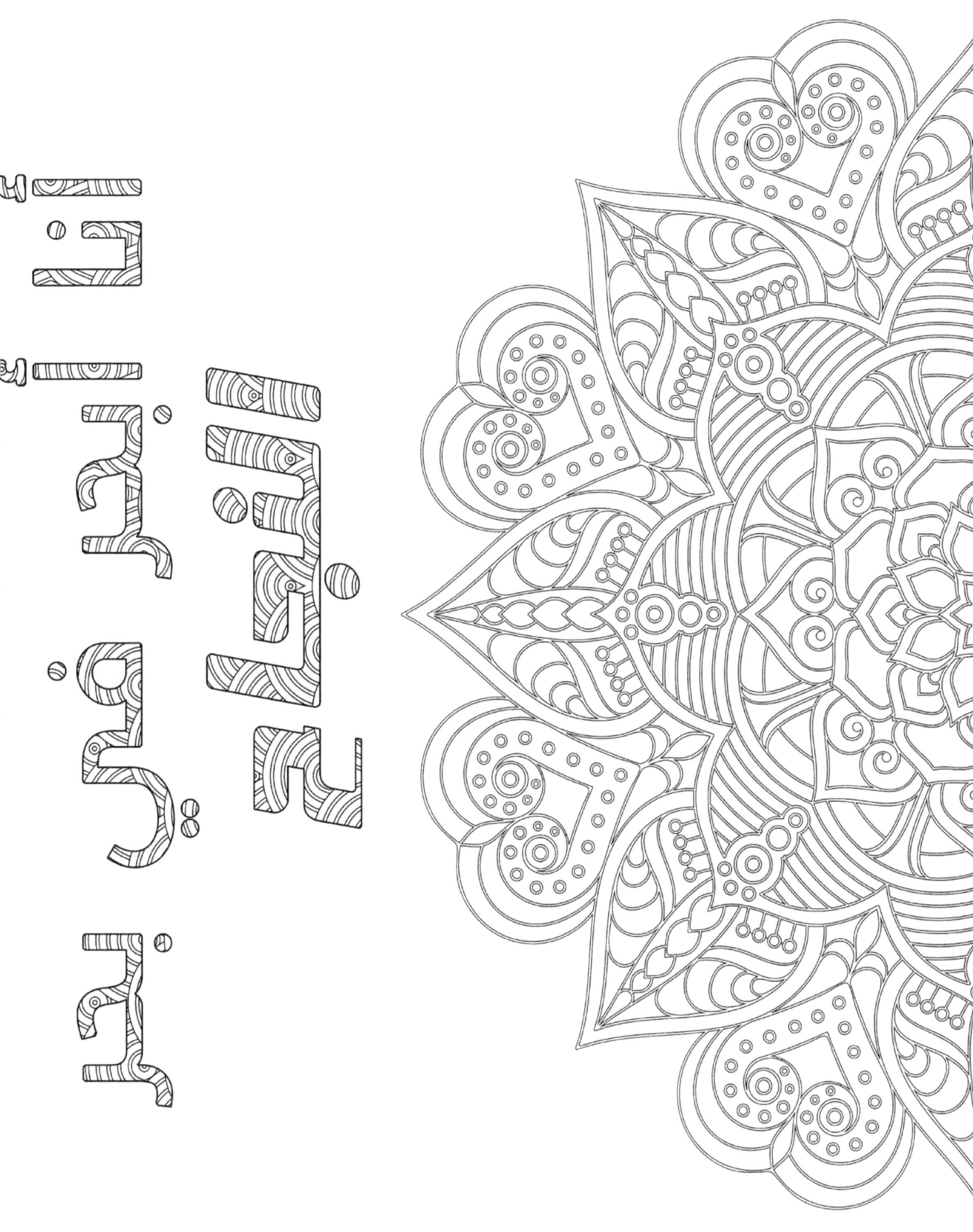

أنا سعيد وناجح

١-

٢-

٣-

٤-

٥-

* استخدم ألوان مختلفة

أنا
سعيد
و
ناجح

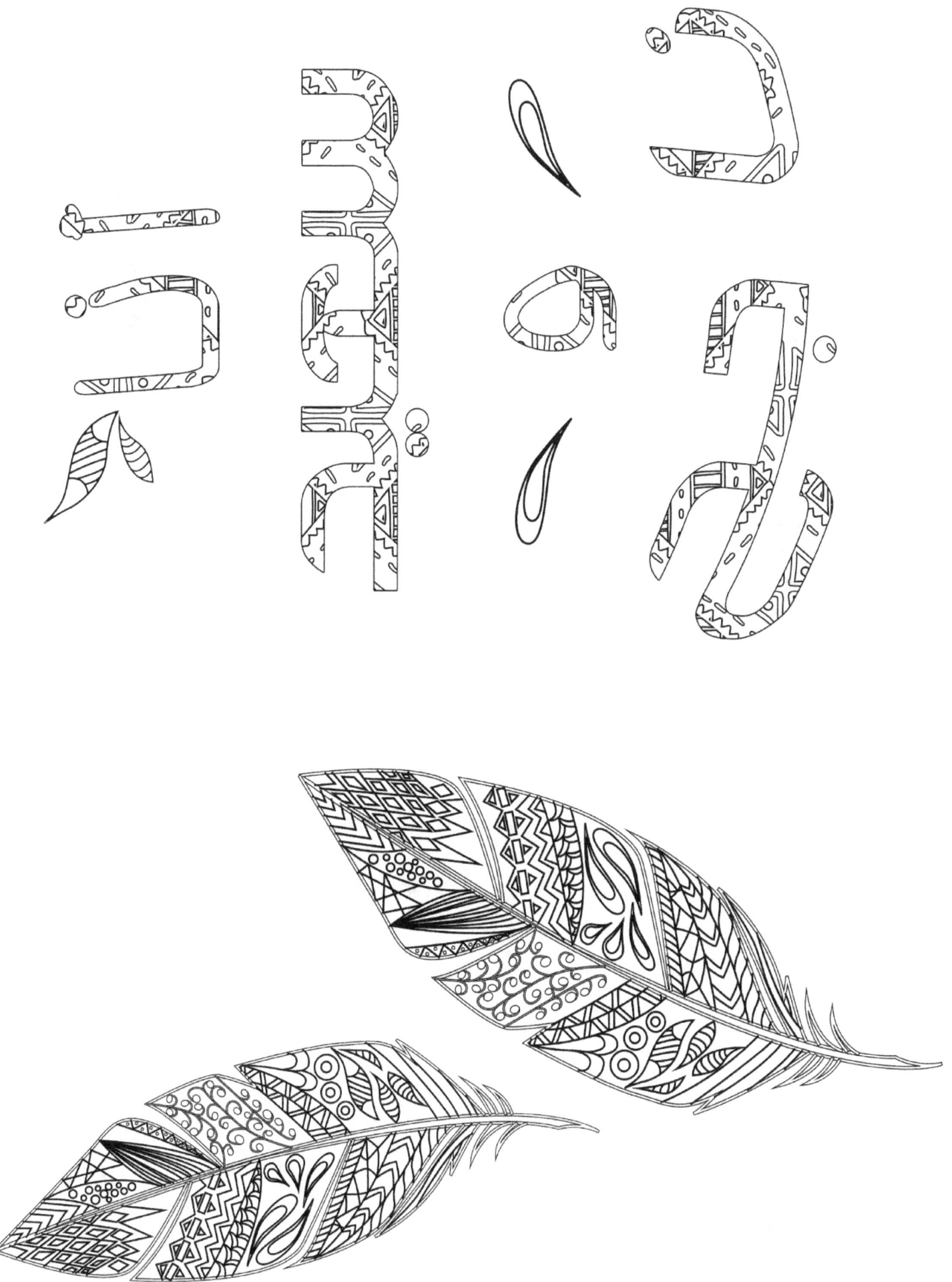

النجاح هو غذائي اليومي

-١

-٢

-٣

-٤

-٥

* استخدم ألوان مختلفة

النجاح

هو

غذائي

اليومي

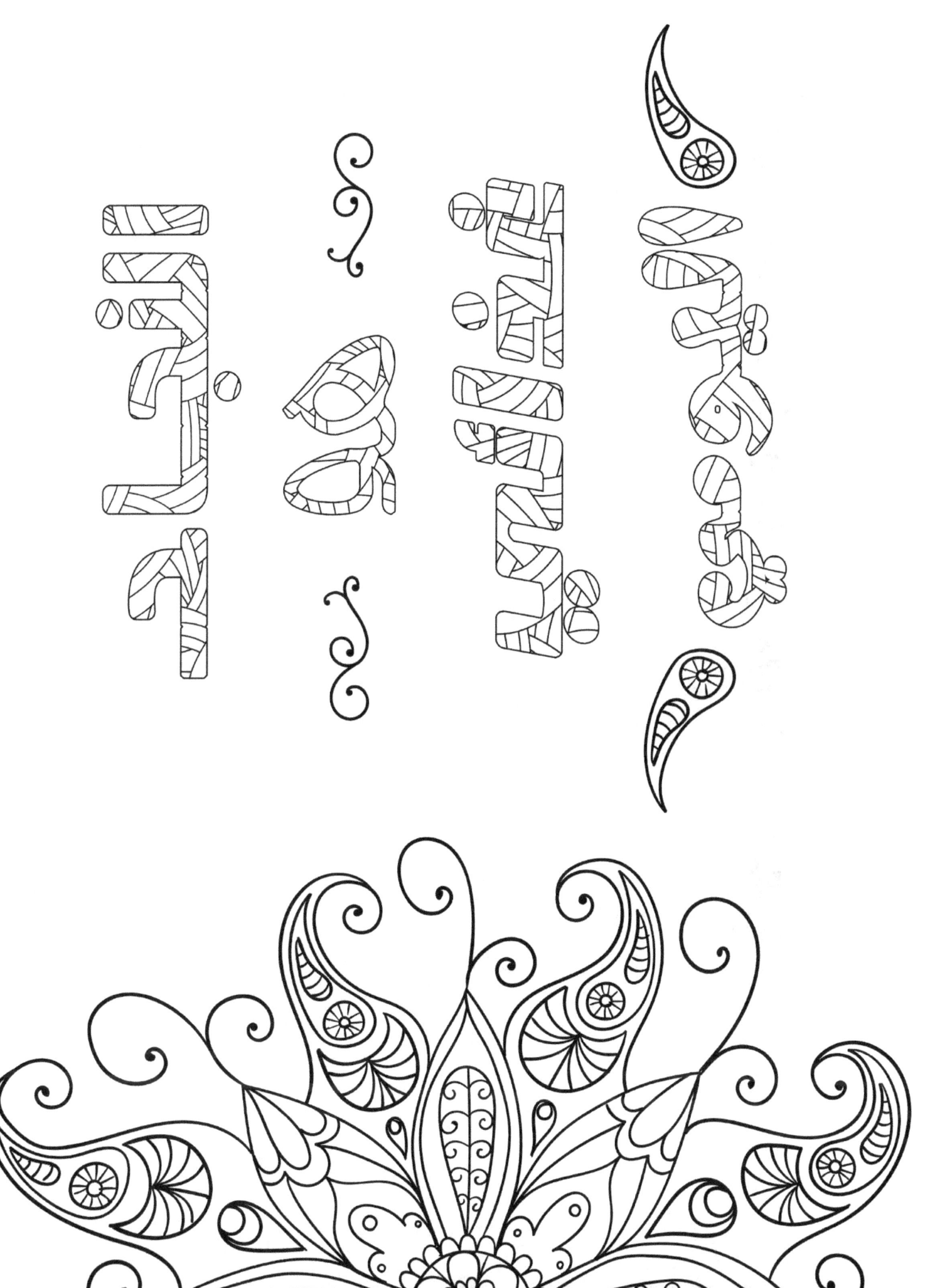

أحيط نفسي بكل ما هو متعلق بالنجاح

١-

٢-

٣-

٤-

٥-

أحيط نفسي بكل

ما هو متعلق

بالنجاح ..

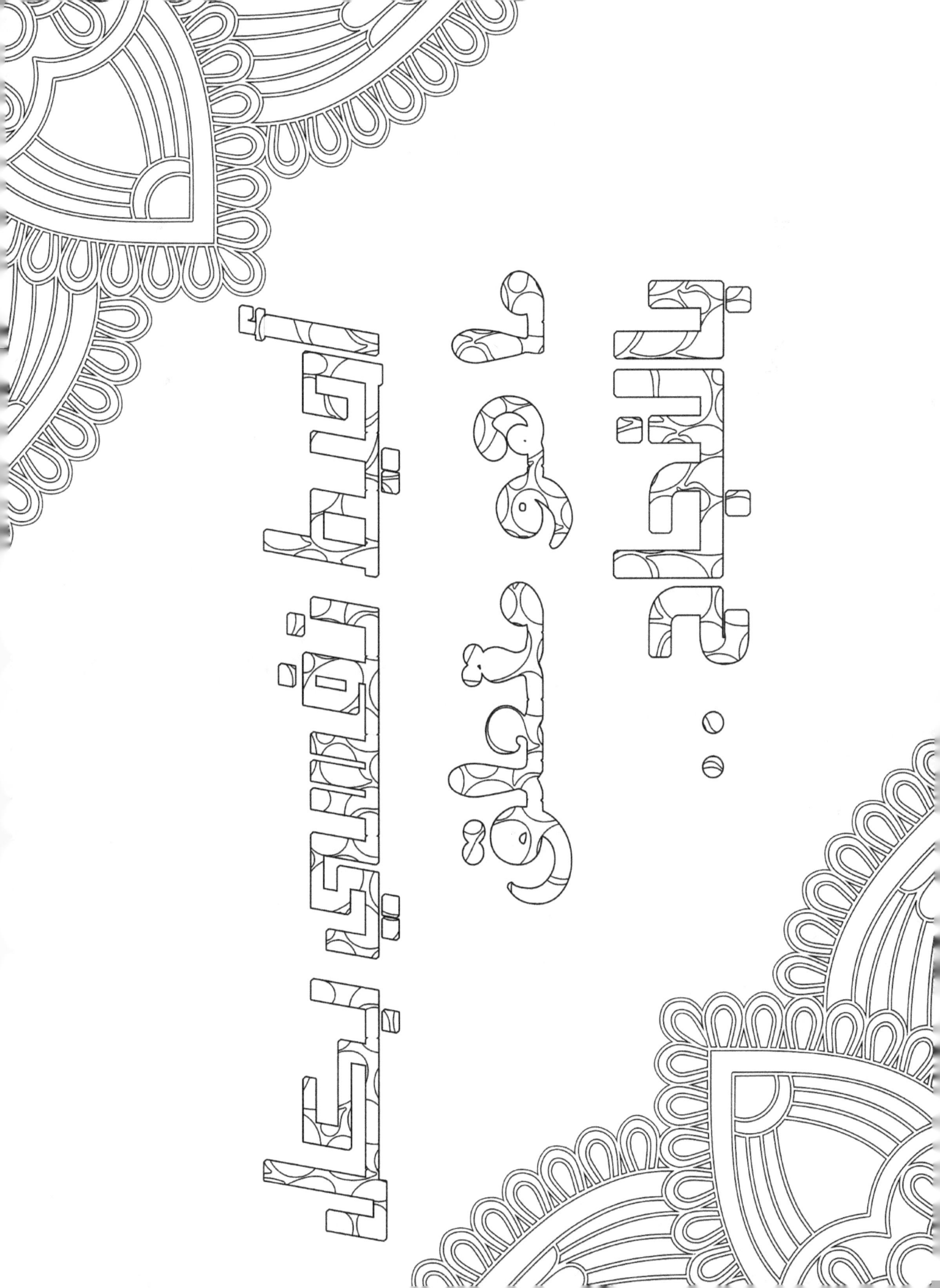

أنا أقوم بفعل ما أحب

١-

٢-

٣-

٤-

٥-

* استخدم ألوان مختلفة

أنا أقوم بفعل ما أحب

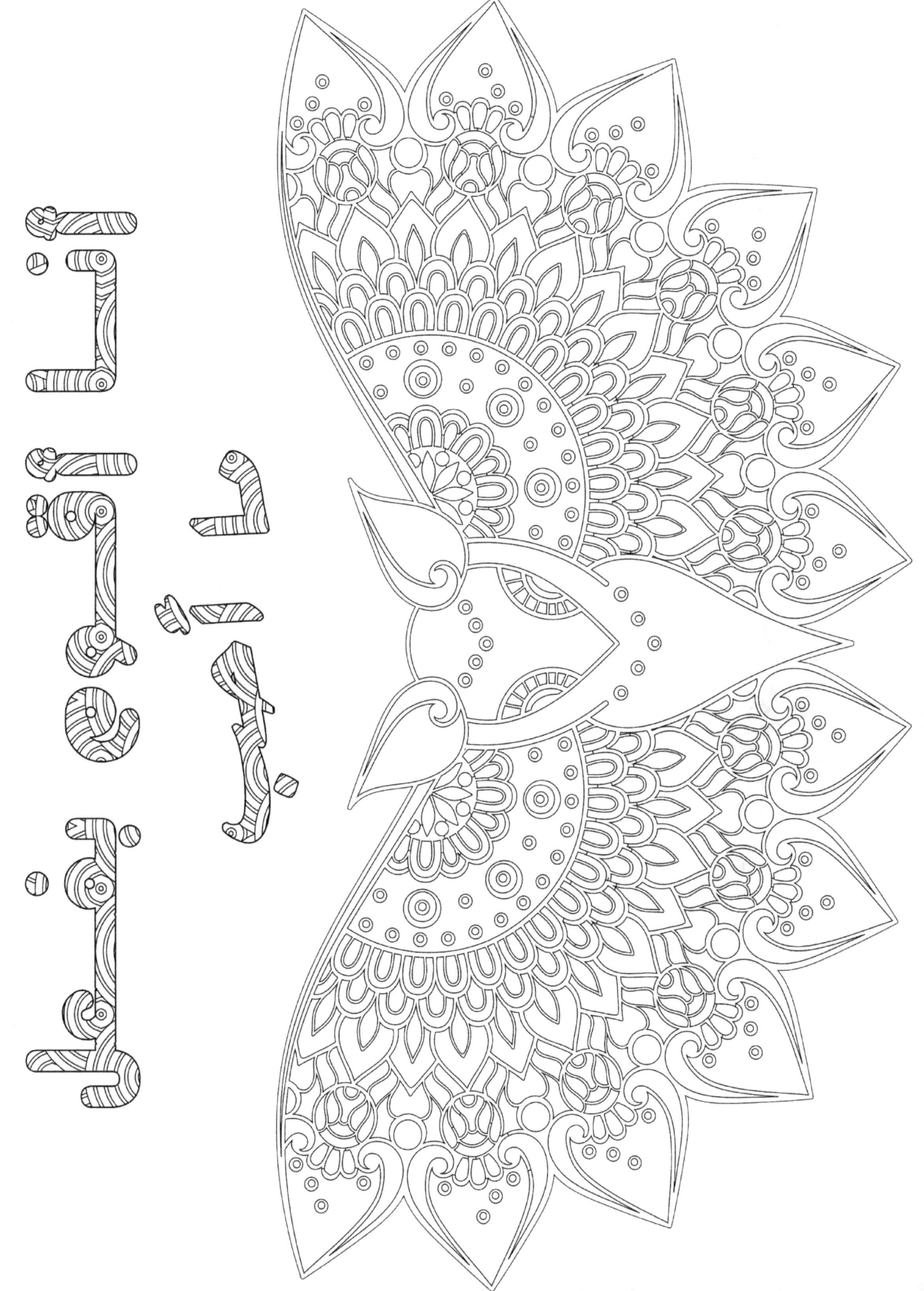

أعمل نحو تحقيق النجاح كل يوم

١-

٢-

٣-

٤-

٥-

* استخدم ألوان مختلفة

اعمل نحو
تحقيق
النجاح
كل يوم

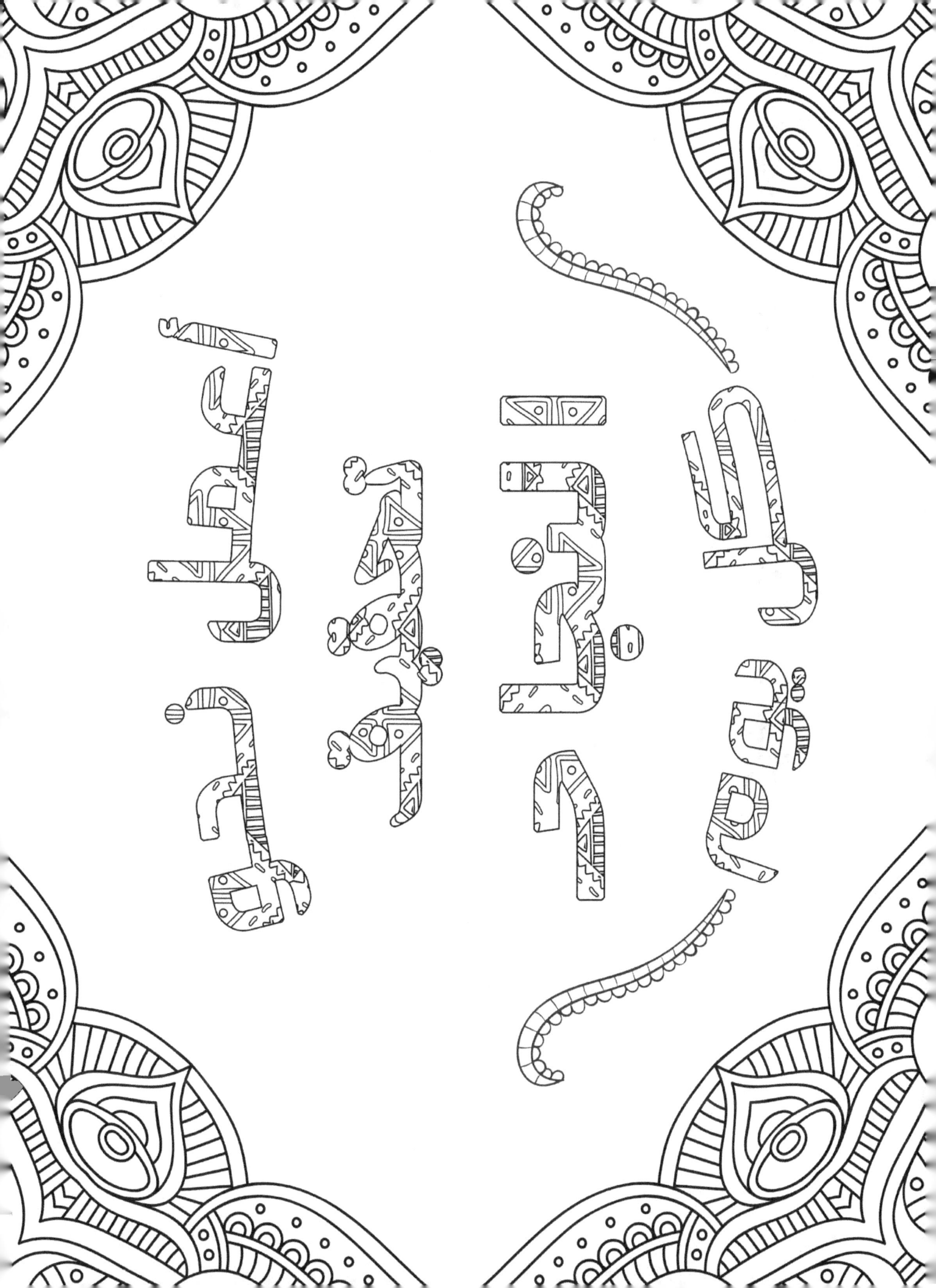

أحسد أصدقائي بسبب النجاح

١-

٢-

٣-

٤-

٥-

* استخدم ألوان مختلفة

أحصد
أصدقائي
بسبب
النجاح

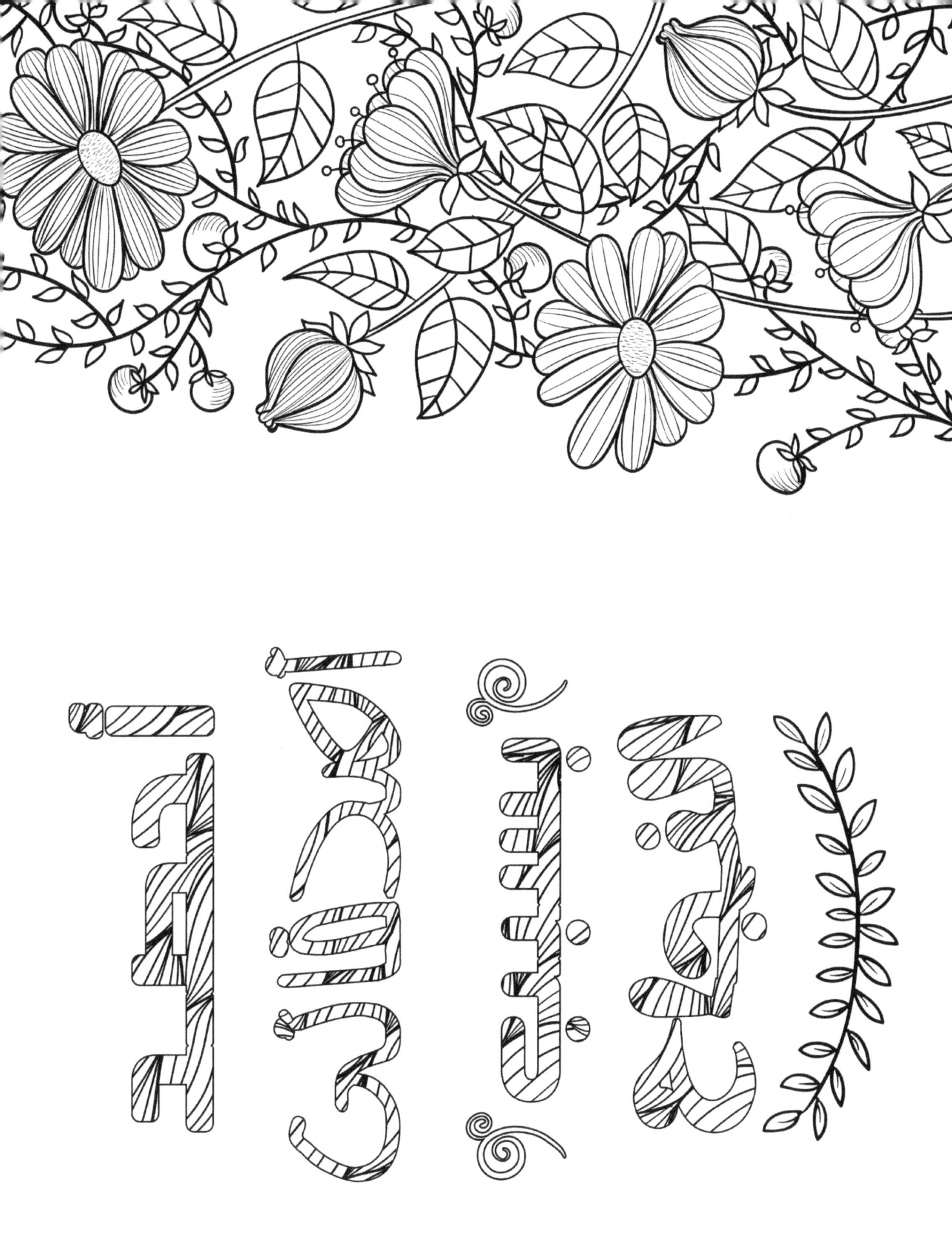

النجاح هو وجهتي

١-

٢-

٣-

٤-

٥-

* استخدم ألوان مختلفة

النجاح
هو ...
وجهتي

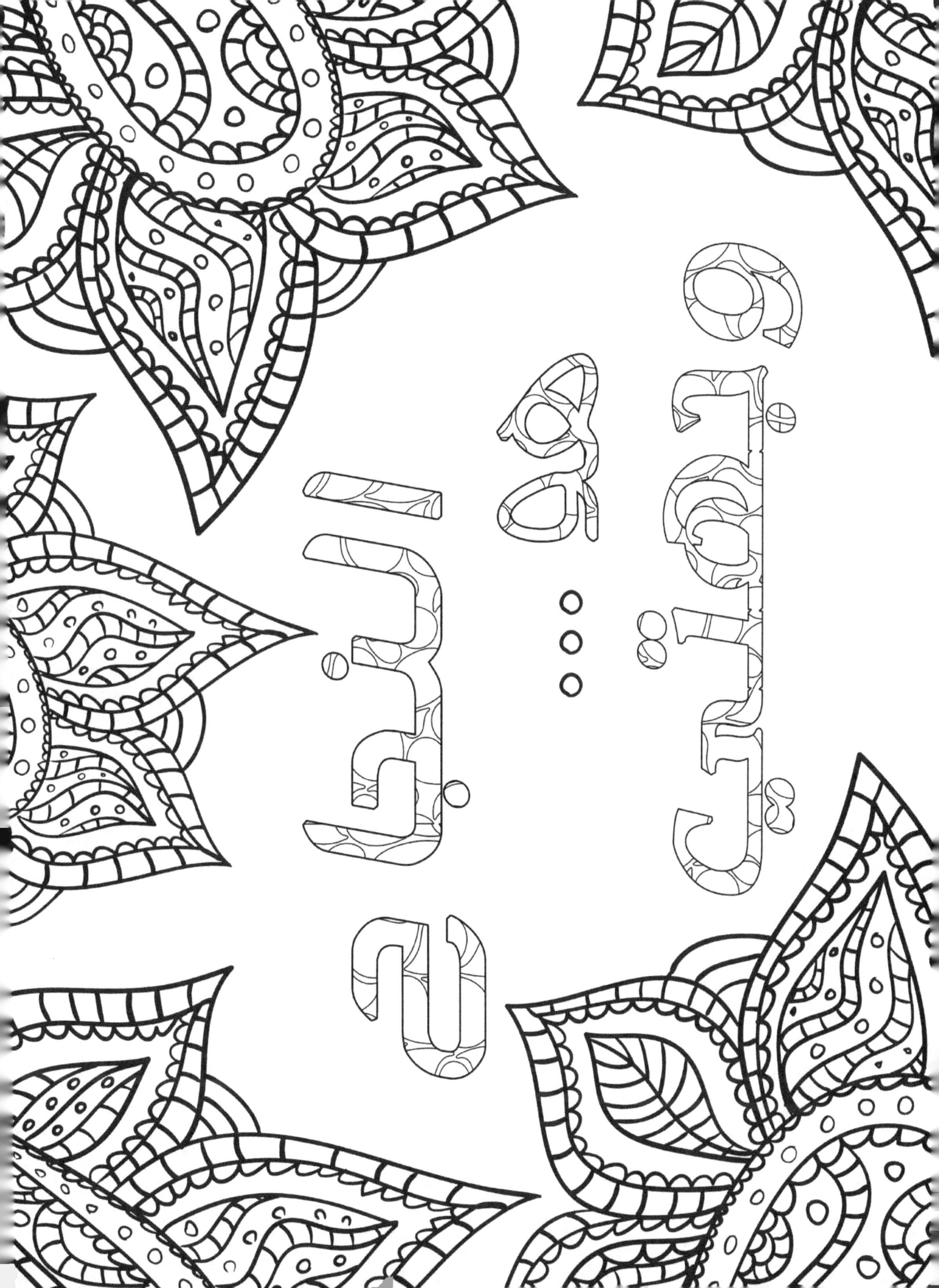

أنا ايجابي

١-

٢-

٣-

٤-

٥-

* استخدم ألوان مختلفة

أنا
ايجابي

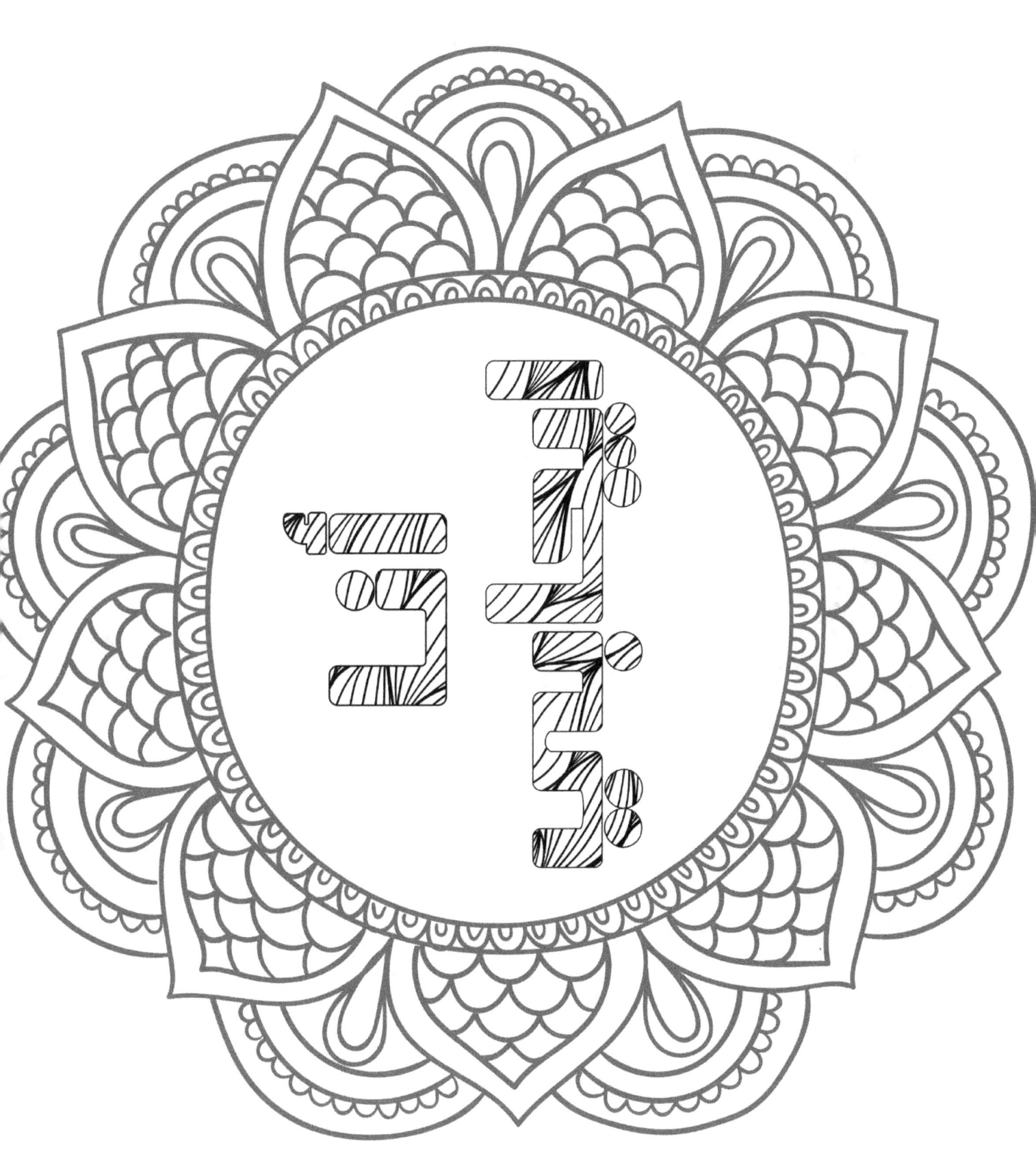

أنا قادر على فعل أي شيء

١-

٢-

٣-

٤-

٥-

* استخدم ألوان مختلفة

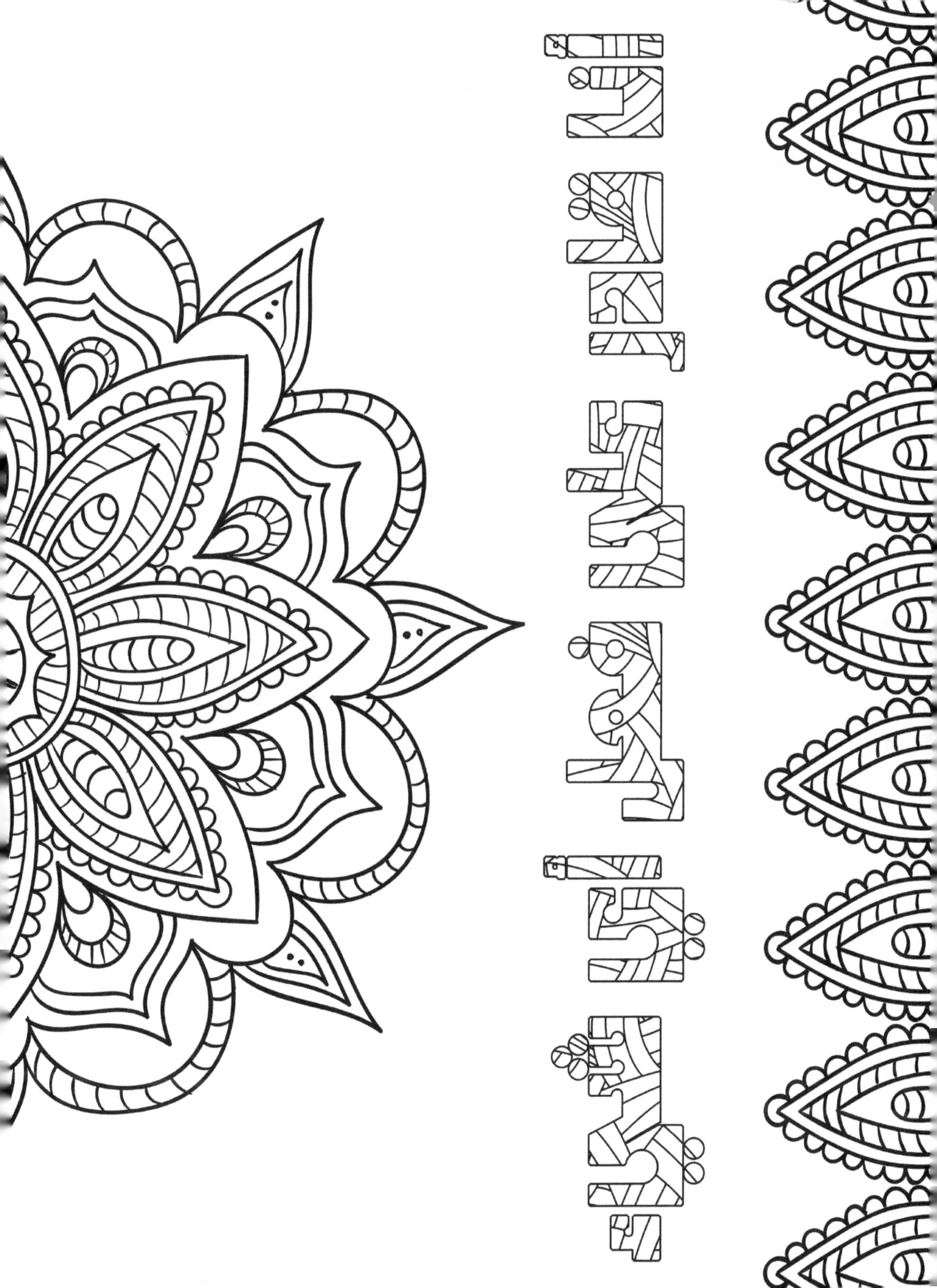

الحياة رائعة بالنسبة لي

١-

٢-

٣-

٤-

٥-

* استخدم ألوان مختلفة

الحياة
رائعة
بالنسبة لي

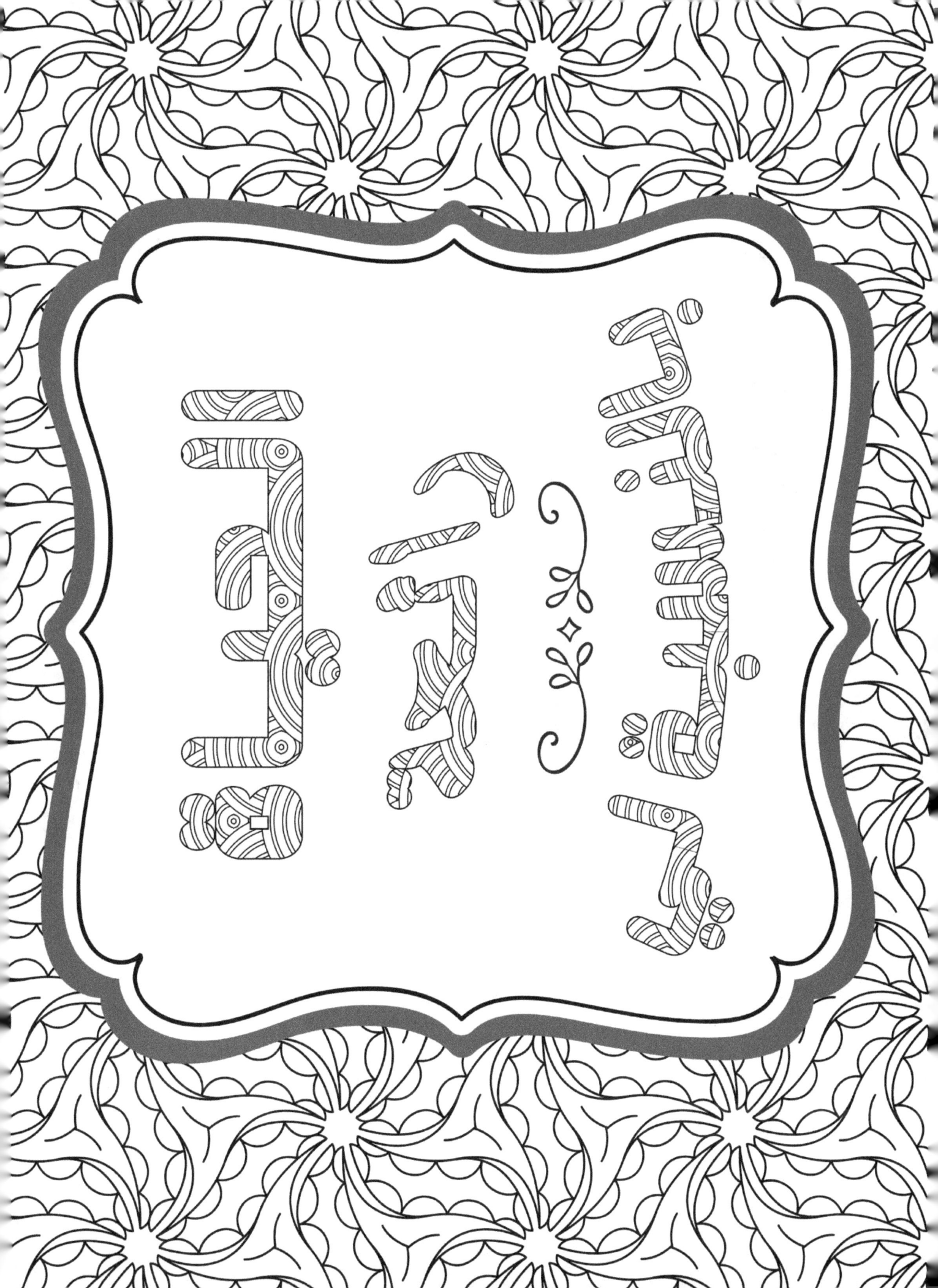

أنا أقوم بفعل ما أريد

١-

٢-

٣-

٤-

٥-

* استخدم ألوان مختلفة

أنا
أقوم بفعل
ما أريد

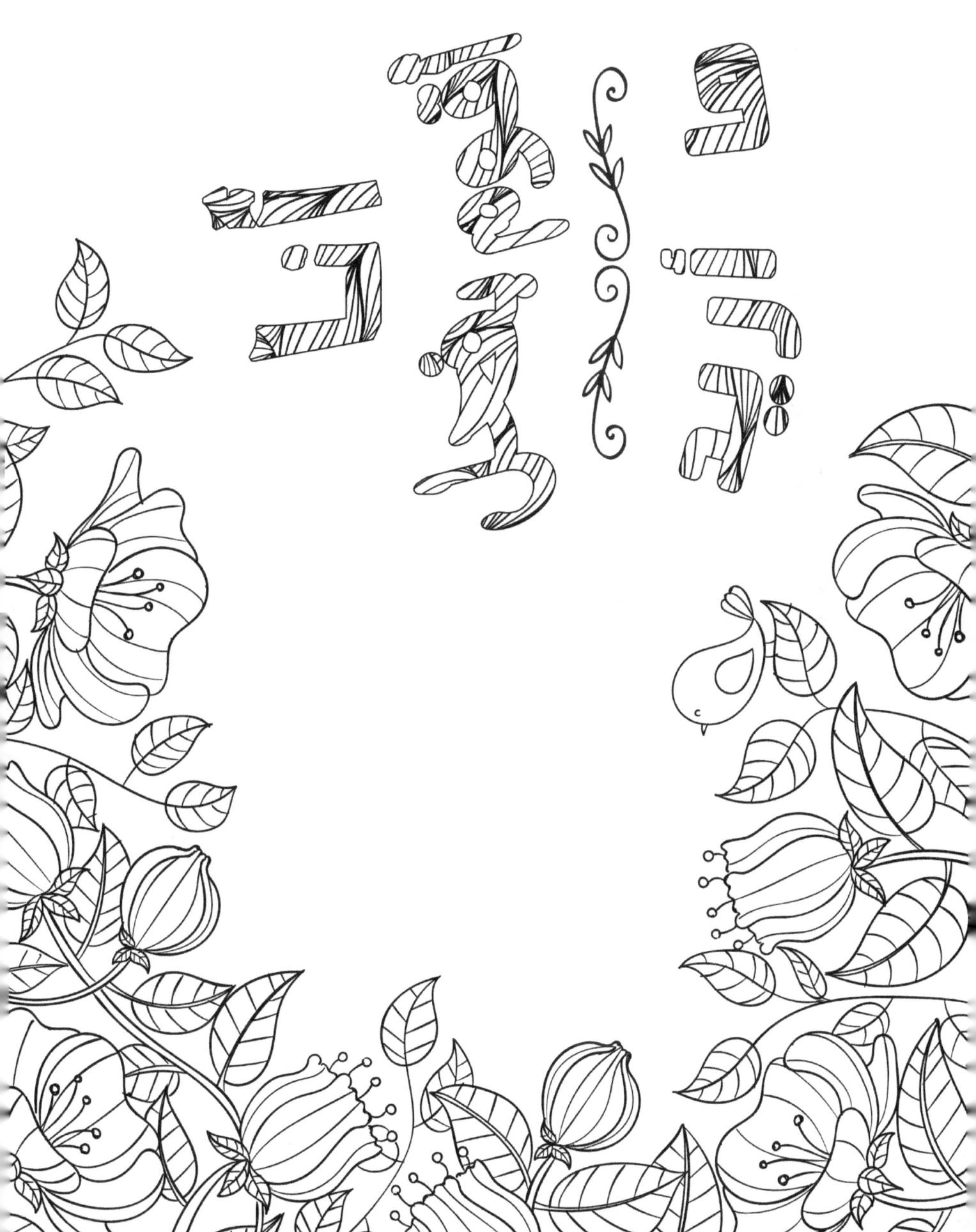

أنا أرى النجاح في كل مكان

١-

٢-

٣-

٤-

٥-

* استخدم ألوان مختلفة

أنا أرى النجاح في كل مكان

أنا أتوق لتحقيق النجاح

١-

٢-

٣-

٤-

٥-

* استخدم ألوان مختلفة

أنا
أتوق
لتحقيق
النجاح..

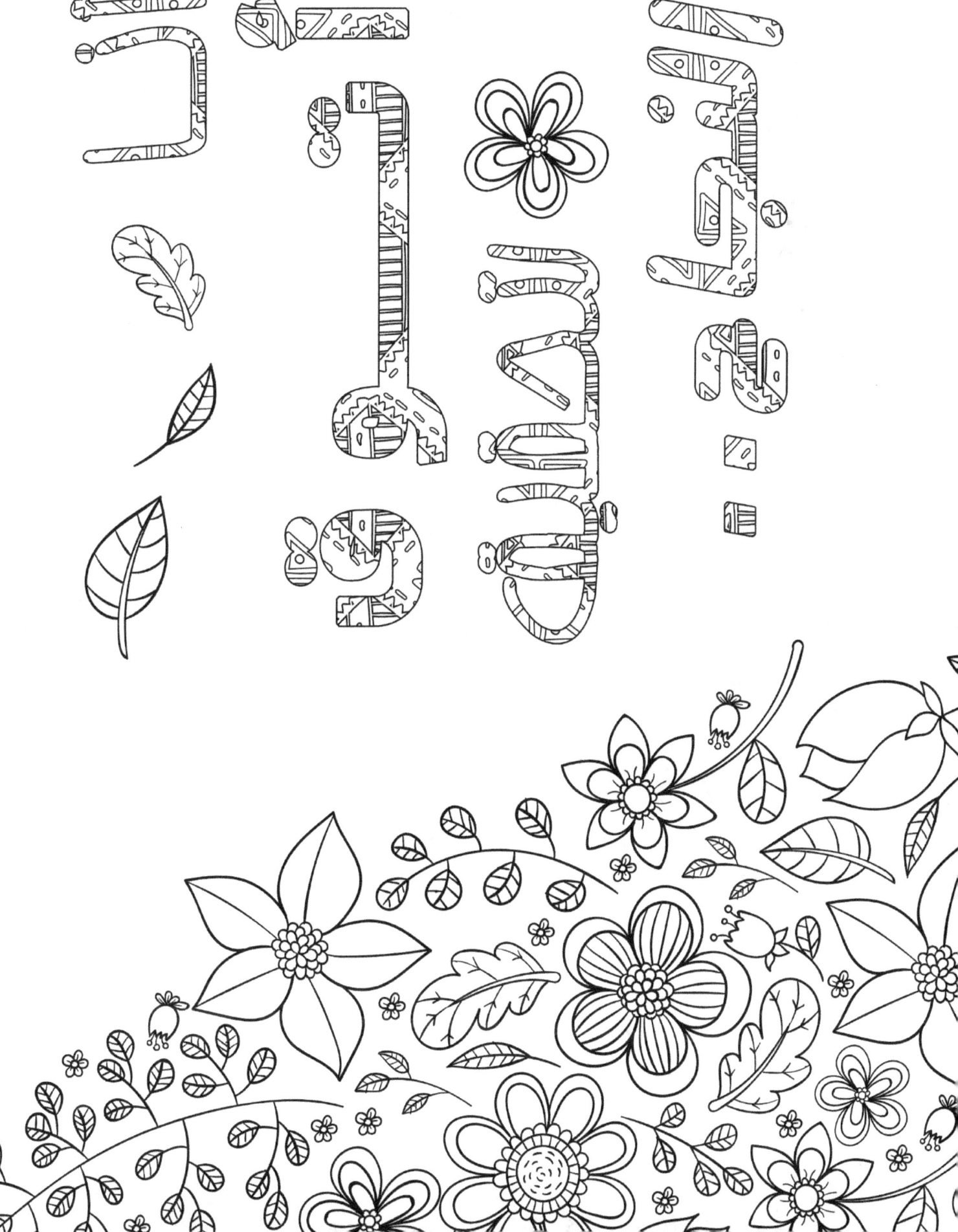

النجاح جزء مني

١-

٢-

٣-

٤-

٥-

* استخدم ألوان مختلفة

النجاح جزء مني

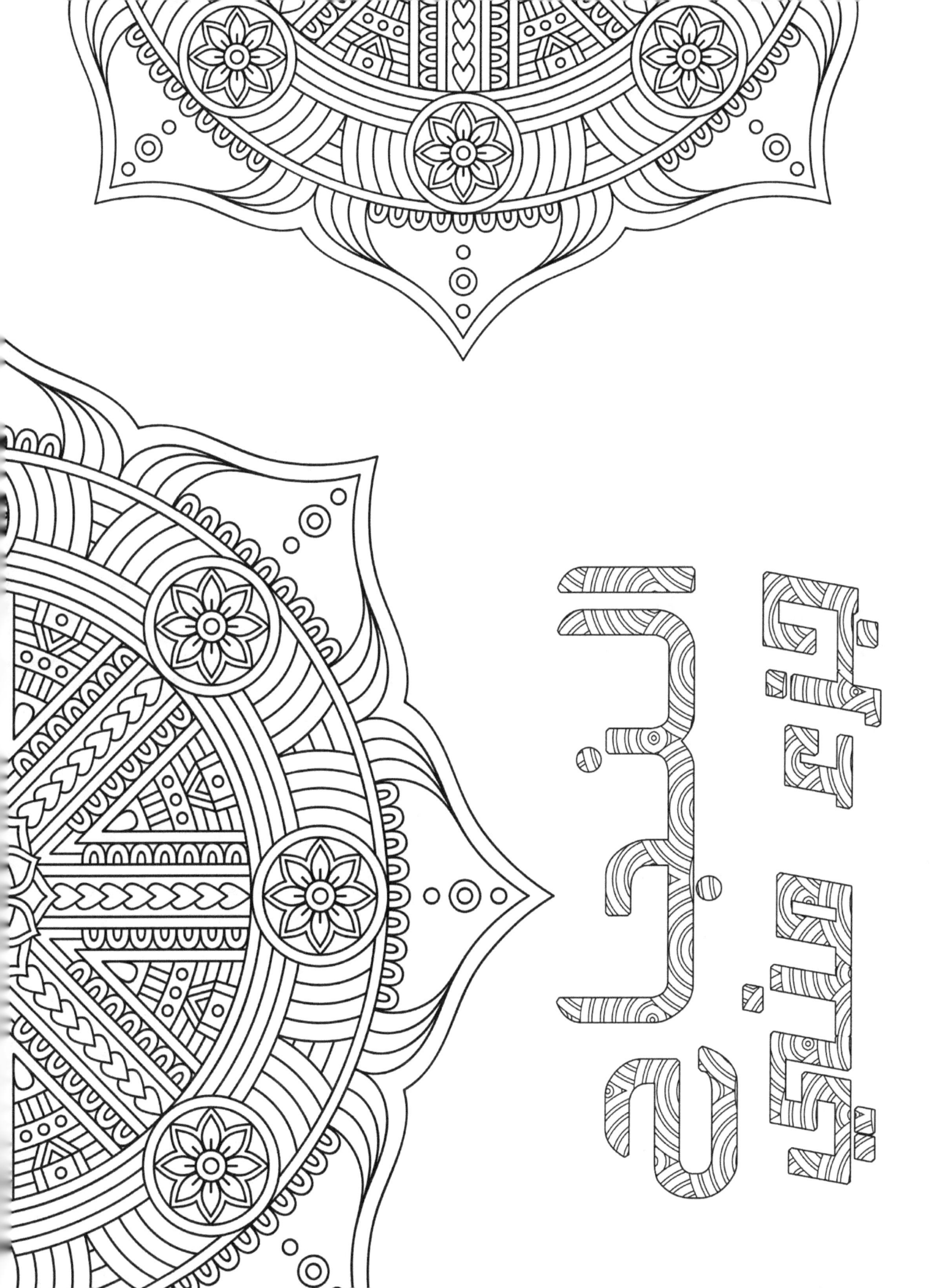

www.ingramcontent.com/pod-product-compliance
Lightning Source LLC
Chambersburg PA
CBHW081131180526
45170CB00008B/3071